Dieses
Album gehört:

....

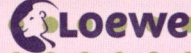

ISBN 978-3-7432-1142-1
1. Auflage 2022
© 2022 Loewe Verlag GmbH, Bindlach
Umschlag- und Innenillustrationen: Carmen Hochmann
Umschlaggestaltung: Ramona Karl
Printed in China

www.loewe-verlag.de

INHALT

DAS BIN ICH

Ich heiße . . . .

Ich wohne in . . . .

Ich wurde am . . . . geboren.

Meine Telefonnummer lautet: . . . .

Meine Augenfarbe: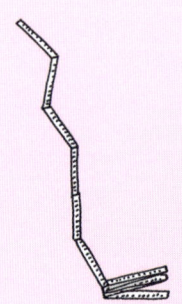

Meine Haarfarbe: . . . .

Ich bin . . . . groß.

Hier ist ein Bild von mir:

(Zum Einkleben oder Malen)

Meine Hobbys sind:

. . . .

. . . .

. . . .

Das möchte ich später mal werden:

. . . .

Meine Lieblingsfarbe:

Mein Lieblingstier:

. . . .

Mein Lieblingsessen:

. . . .

Mein Lieblingsfilm:

. . . .

Mein Lieblingsbuch:

. . . .

MEINE FAMILIE

Zu meiner Familie gehören:

. . . .

. . . .

. . . .

Das ist ein Bild von uns:

(Zum Einkleben oder Malen)

9

Mein erster Schultag ist der

. . . .

An meinem ersten Schultag bin ich

. . . . Jahre alt.

Heute fühle ich mich:

- ☐ ein wenig ängstlich
- ☐ glücklich
- ☐ ziemlich aufgeregt
- ☐ neugierig
- ☐ noch etwas müde
- ☐ von allem etwas

Hier ist ein Bild von mir an meinem ersten Schultag:

(Hier ist Platz für ein Foto.)

11

DAS WETTER

Das Wetter an meinem ersten Schultag war:

sonnig

wolkig

neblig

stürmisch ☐

regnerisch ☐

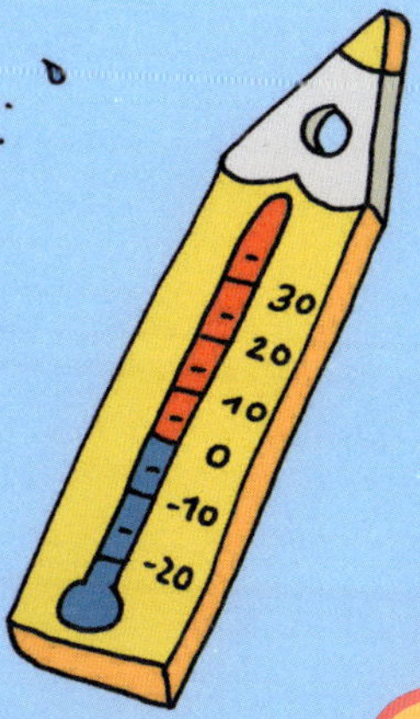

Es war . . . . . . Grad warm.

MEINE SCHULTÜTE

So sieht meine Schultüte aus:

Kleber

Buntstifte

14

ABC

Das bin ich mit meiner Schultüte:

(Hier ist Platz für ein Foto.)

15

MEINE SCHULTASCHE

Das ist meine Schultasche:

Kleber

Und das alles gehört hinein:

. . . .

. . . .

. . . .

. . . .

. . . .

. . . .

. . . .

. . . .

. . . .

. . . .

. . . .

Meine Schule heißt:

. . . .

. . . .

Die Adresse meiner Schule lautet:

. . . .

. . . .

. . . .

Darauf freue ich mich besonders:

☐ Rechnen

☐ Schreiben

☐ Lesen

☐ Kunst

☐ Sport

☐ die Pausen

☐ Religion/Ethik

☐ Heimat- und Sachunterricht

☐ meine Mitschülerinnen und Mitschüler

☐ meine Lehrerin/meinen Lehrer

☐ Spielen

Ich gehe in die Klasse 1. . . . .

Meine Lehrerin/mein Lehrer heißt

. . . .

Meine Banknachbarin/mein Banknachbar

heißt. . . . .

In meine Klasse gehen . . . . Kinder.

Wir sind . . . . Jungen und . . . . Mädchen.

Hier ist unser Klassenfoto:

(Hier ist Platz für ein Foto.)

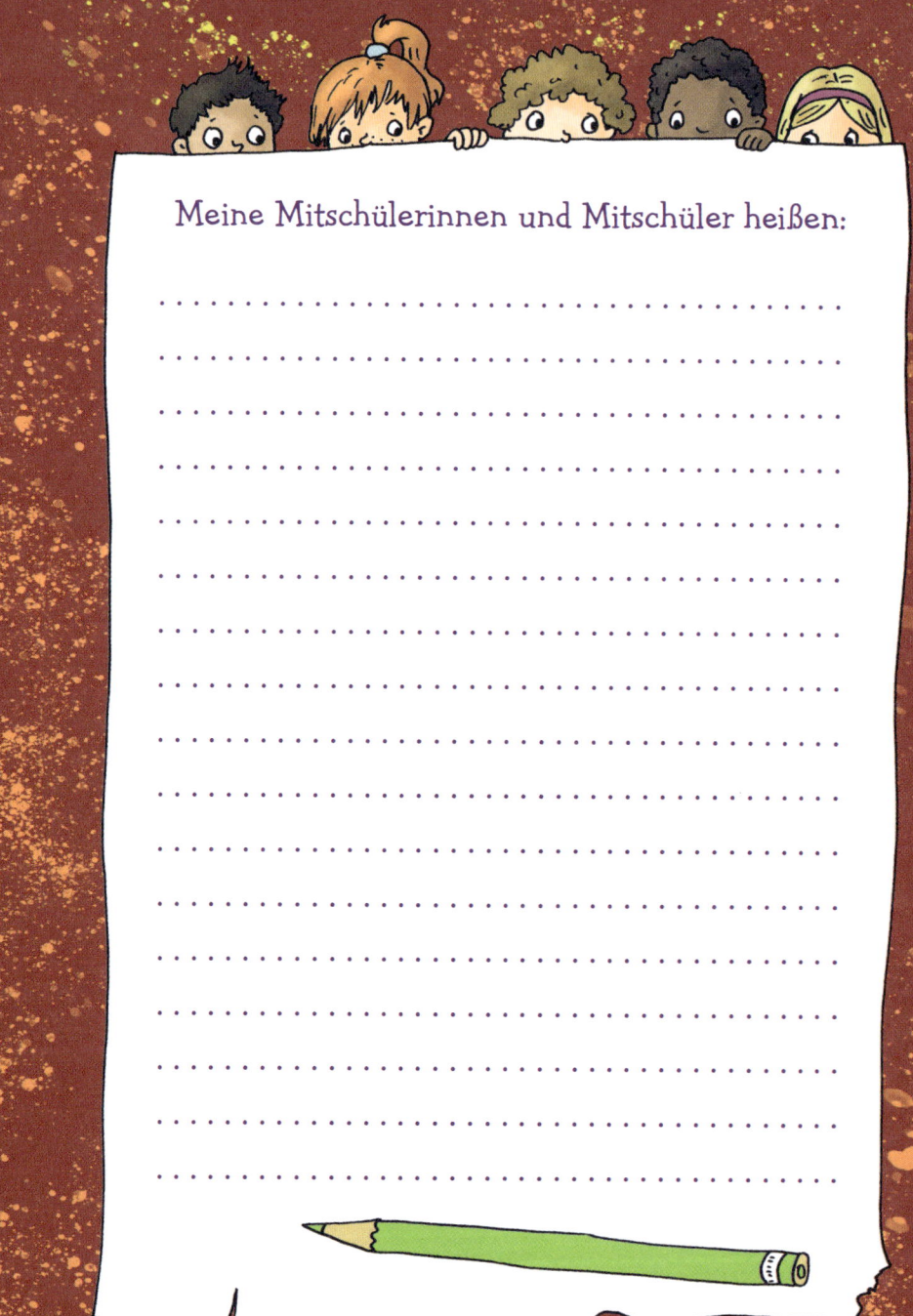

Meine Mitschülerinnen und Mitschüler heißen:

. . . .

. . . .

. . . .

. . . .

. . . .

. . . .

. . . .

. . . .

. . . .

. . . .

. . . .

. . . .

. . . .

. . . .

(Hier ist Platz für ein selbst gemaltes Bild.)

MEINE LEHRERINNEN UND LEHRER

Neben meiner Klassenlehrerin/meinem Klassenlehrer habe ich noch folgende Lehrerinnen und Lehrer:

NAME	UNTERRICHTSFACH

Unsere Direktorin/unser Direktor heißt:

. . . .

Meine Lehrerinnen und Lehrer finde ich:

☐ lustig

☐ streng

☐ schlau

☐ lieb

☐ alt

☐ gerecht

☐ jung

☐ ernst

Unsere Hausmeisterin/unser Hausmeister heißt:

. . . .

MEIN STUNDENPLAN

UHRZEIT 🕐	MONTAG	DIENSTAG
1		
2		
3		
4		
5		
6		

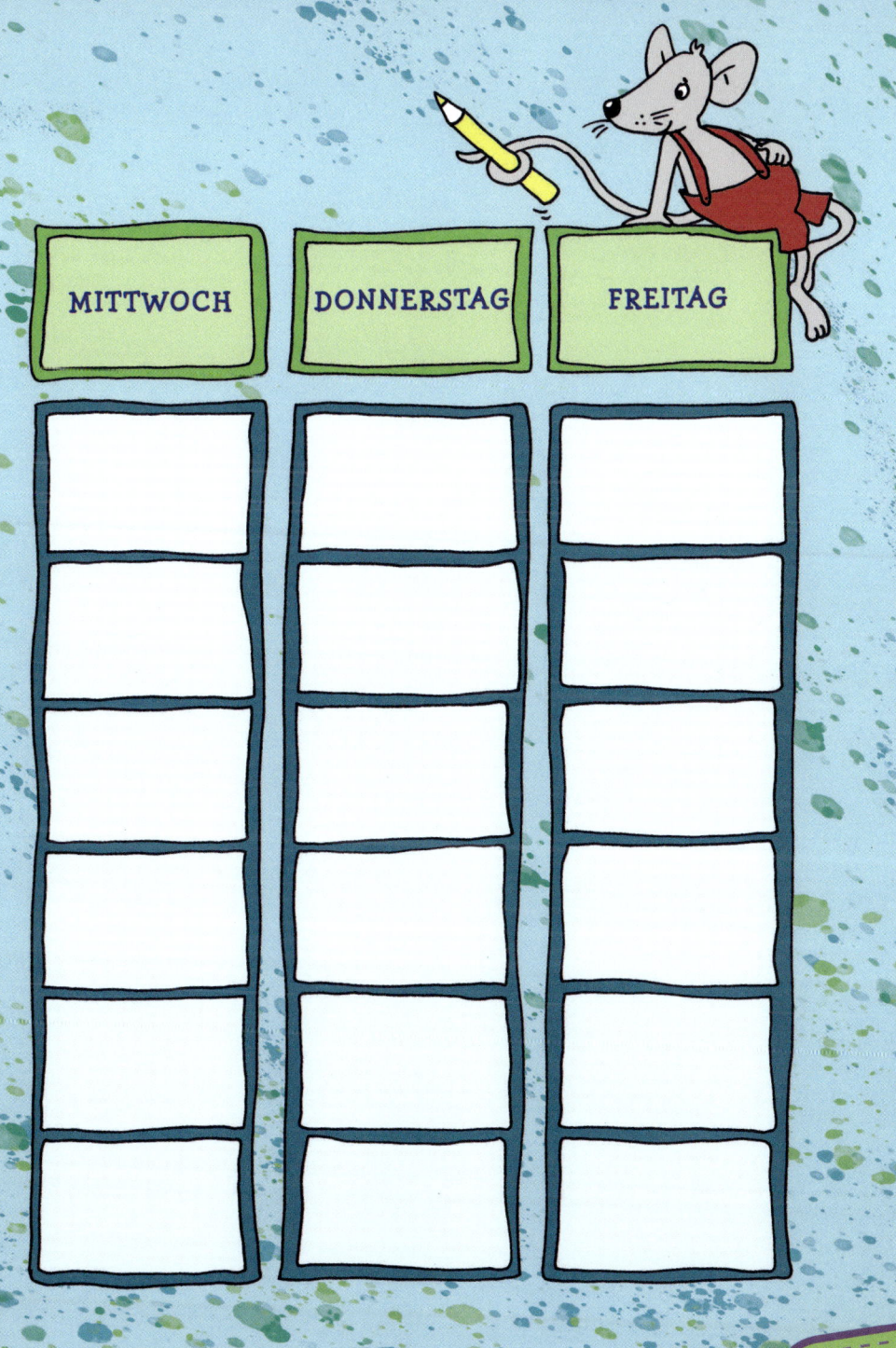

MITTWOCH	DONNERSTAG	FREITAG

Zur Schule komme ich jeden Morgen:

☐ zu Fuß

☐ mit dem Bus

☐ mit dem Auto

☐ mit meinem Fahrrad

☐ mit meinem Roller

☐ mit dem Zug

Für meinen Schulweg brauche ich

. . . . Minuten.

☐ Ich gehe immer allein.
☐ Ich gehe zusammen mit

. . . .

Daran komme ich auf meinem
Schulweg vorbei:

. . . .

. . . .

. . . .

29

DIE PAUSE

So sieht mein Pausenhof aus:

(Hier ist Platz für ein selbst gemaltes Bild.)

Mit diesen Schulfreundinnen und
Schulfreunden spiele ich in der Pause
am liebsten:

. . . .
. . . .
. . . .
. . . .

Das spielen wir:

. . . .
. . . .
. . . .
. . . .
. . . .

Mein Lieblingsessen für die Pause ist:

. . . .

. . . .

. . . .

Mein Lieblingsgetränk für die Pause ist:

. . . .

. . . .

. . . .

So bekomme ich mein Essen für die Pausen:

☐ von zu Hause

☐ beim Pausenhofverkauf

☐ aus einem Laden

Das haben wir an meinem
ersten Schultag gemacht:

· ·
· ·
· ·
· ·
· ·
· ·
· ·

34

MEINE ERSTE HAUSAUFGABE

Nach den Hausaufgaben freue ich mich auf:

. . . .

. . . .

. . . .

. . . .

. . . .

. . . .

Aber zuerst muss ich das machen:

. . . .

. . . .

. . . .

. . . .

. . . .

. . . .

. . . .

. . . .

. . . .

MEINE BESTE SCHULFREUNDIN/ MEIN BESTER SCHULFREUND

Name: . . . .

Geburtstag: . . . .

Adresse: . . . .

. . . .

Telefonnummer: . . . .

Haarfarbe: . . . .

Augenfarbe:

Hobbys:

. . . .

. . . .

. . . .

. . . .

Hier ist ein Foto meiner besten Schulfreundin/ meines besten Schulfreunds:

(Hier ist Platz für ein Foto.)

DAS GEFÄLLT MIR

Das gefällt mir an meiner neuen Schule:

☐ mein Klassenzimmer

☐ die Ferien

☐ mein Sitznachbar/meine Sitznachbarin

☐ die Hausaufgaben

☐ meine Mitschülerinnen und Mitschüler

☐ die Pausen

☐ meine Brotzeit

☐ der Sportunterricht

DAS KANN ICH SCHON

So wird mein Name geschrieben:

. . . .

Diese Buchstaben kenne ich schon:

40

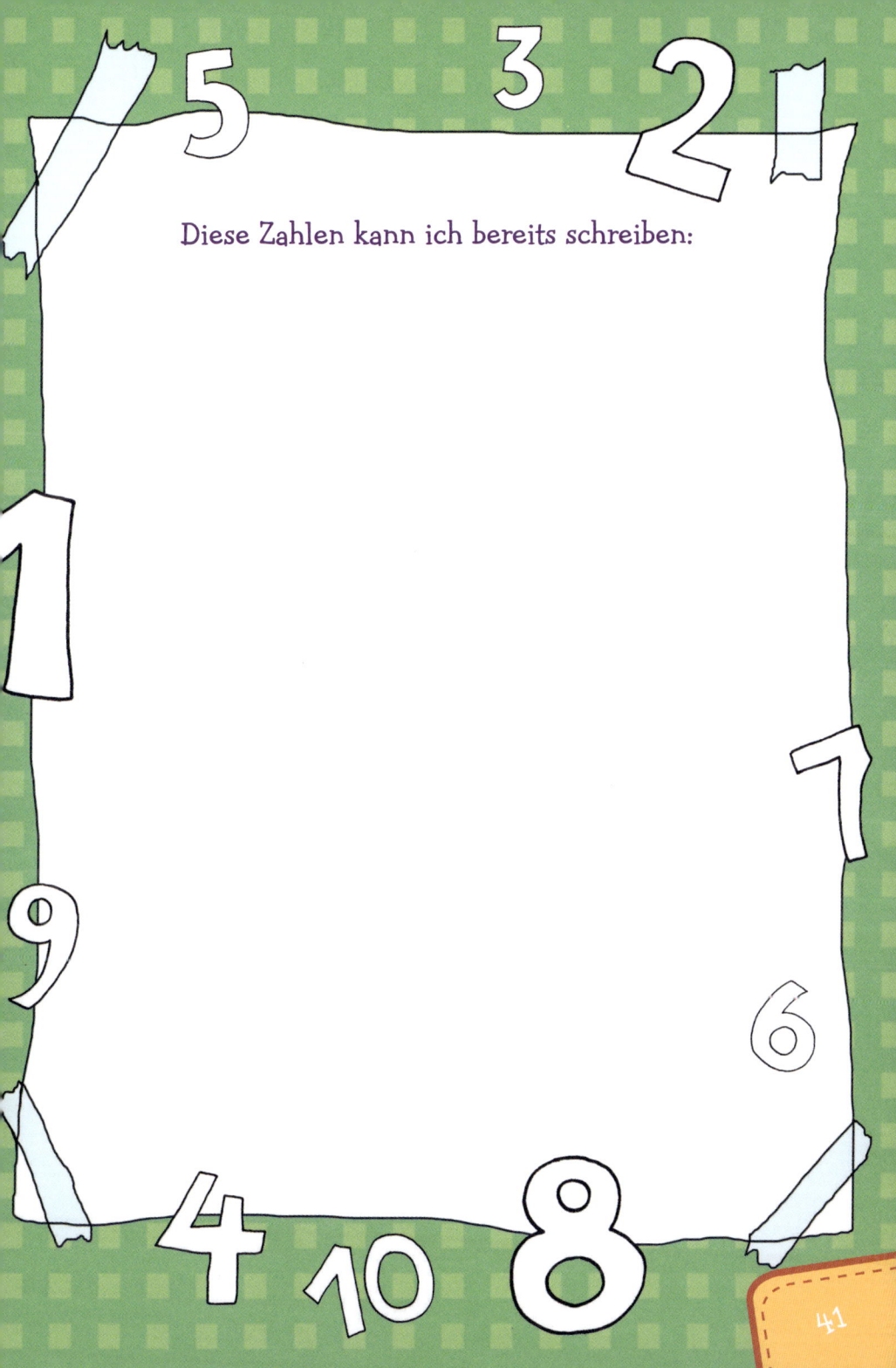

Diese Zahlen kann ich bereits schreiben:

5   3   2   1
1
7
9
6
4   10   8

WAS HEUTE SONST NOCH PASSIERT IST

Das haben wir nach
der Schule unternommen:

. . . .

. . . .

. . . .

. . . .

Diese Menschen waren dabei:

. . . .

. . . .

. . . .

. . . .

. . . .

Das waren die Schlagzeilen an
meinem ersten Schultag:

(Hier ist Platz für Zeitungsausschnitte.)

DAS WAR EIN TOLLER TAG

(Hier ist Platz für ein selbst gemaltes Bild.)